Francine Porfirio Ortiz | Viviane Mayer Daldegan

No Caminho de Jesus

ÁLBUM LITÚRGICO-CATEQUÉTICO

Álbum Litúrgico-Catequético

Ano B - 2023|2024

EDITORA VOZES

Petrópolis

Rua Frei Luís, 100
25689-900 Petrópolis, RJ
www.vozes.com.br
Brasil

Projeto gráfico e diagramação: Ana Maria Oleniki
Revisão: Jhary Artiolli
Ilustração: Alexandre Maranhão | Freepik | iStock
Capa: Ana Maria Oleniki

ISBN: 978-85-326-6554-6

Este livro foi composto e impresso pela Editora Vozes Ltda.

Apresentação

Queridos catequizandos, queridos pais, queridos catequistas!

Apresentar o *Álbum Litúrgico-Catequético No caminho de Jesus* é uma alegria. Isso porque esta é uma obra preciosa, pensada pelas autoras para auxiliar a participação na celebração da missa e a compreensão do Evangelho de cada domingo. Em cada uma de suas páginas, há uma oportunidade para estabelecer maior proximidade com a Palavra de Deus e sua mensagem amorosa; para entender que a Igreja é uma comunidade de pessoas que amam Jesus Cristo e são convidadas continuamente a viver como irmãos e irmãs.

Neste *Álbum Litúrgico-Catequético* as imagens, as atividades, os momentos em família e as reflexões foram preparados com a sensibilidade de quem deseja que o Evangelho seja compreendido para ser vivido. Por isso, este álbum litúrgico é uma ajuda para ter o Evangelho mais presente na mente e no coração. Cada detalhe em suas páginas tem o propósito de contribuir para que , de maneira especial, cada catequizando possa crescer na fé, desenvolvendo sua amizade com Jesus, e assumir o compromisso com o Reino de Deus.

No caminho de Jesus: Álbum Litúrgico-Catequético proporciona uma bela relação de diálogo e partilha de fé. Para isso, colabora a forma criativa das autoras de combinar a Palavra do Senhor, que expressa a sua bondade, a sua compaixão e o seu amor por todos nós, apresentada de maneira que interagem a fé, a arte e a imaginação. Assim, queridos catequizandos, vocês têm em suas mãos um instrumento que os ajudará a aproximarem-se de Jesus Cristo e a serem os seus amigos do nosso tempo. O *Álbum Litúrgico-Catequético* é, portanto, um convite e um recurso importante para reconhecer e viver os ensinamentos de Jesus.

Às autoras, Francine P. Ortiz e Viviane M. Daldegan, que prepararam este álbum, juntando criatividade e fé, procurando contribuir com a missão da catequese, com as famílias e os catequizandos em seu entendimento sobre o Evangelho, o nosso agradecimento pelo belo trabalho.

A vocês, catequizandos, familiares e catequistas que estão com esta obra em mãos, desejamos que durante este Ano B possam desenvolver os mais nobres sentimentos com relação a Jesus Cristo e sua Igreja, e que cada página deste álbum os ajude em sua jornada de vida cristã.

Débora Regina Pupo
Coordenadora da Animação Bíblico-Catequética do Regional Sul 2/CNBB

Apresentação das autoras

Queridos catequistas, catequizandos e famílias!

Neste novo Ano Litúrgico, vamos viver uma nova oportunidade de conhecer e aprofundar a nossa amizade com Jesus!

Com alegria, apresentamos este material para contribuir com a compreensão e a vivência dos ensinamentos de Jesus. Desejamos que as atividades e reflexões propostas ajudem nossos catequizandos a desenvolverem sua fé, interagindo com a vida por meio dos valores que Jesus nos deixou.

Neste material há também atividades propostas para serem realizadas com a família e momentos de meditação dos evangelhos que convidam a uma relação mais íntima com o sentido da Palavra para as nossas vidas.

Seja perseverante a cada semana, no caminho de Jesus!

E se tiver dúvidas ou sugestões, entre em contato com a gente.

Francine e Viviane

francine.porfirio@gmail.com

vmdaldegan@uol.com.br

Catequizandos, iniciamos neste mês um novo Ano Litúrgico!

Durante este **Ano B**, vamos refletir sobre a vida de Jesus, a partir do Evangelho de São Marcos! Iniciamos nossa caminhada no mês de dezembro de 2023. Que tal fazermos uma oração juntos para pedir a Deus que nos acompanhe nestes próximos meses?

Momento em FAMÍLIA

Vocês sabiam que o Ano Litúrgico recomeça a cada três anos, organizados em Ano A, B e C? Em cada um temos um evangelista principal. Que tal pesquisarem quais são os evangelistas de cada ano?

Ano A: ______ Ano B: ______ Ano C: ______

O Ano Litúrgico é organizado também em cores, com diferentes representações. Vamos conhecê-las?

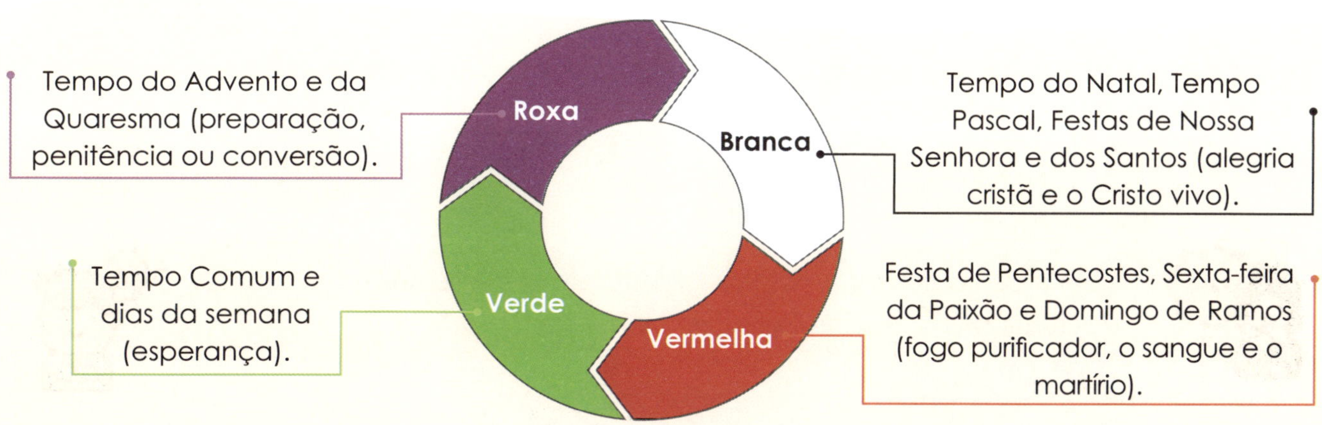

1º DOMINGO DO ADVENTO

Ler Mc 13,33-37

Atenção às suas atitudes

Iniciamos o Advento, o primeiro tempo do Ano Litúrgico! Neste período, vamos nos preparar para celebrar o nascimento de Jesus.

A palavra-chave deste Evangelho é **atenção**. Jesus nos orienta a vigiarmos as nossas atitudes, para não esquecermos os ensinamentos dele.

Encontre o caminho correto no labirinto e pinte as palavras que nos mantêm atentos aos ensinamentos de Jesus.

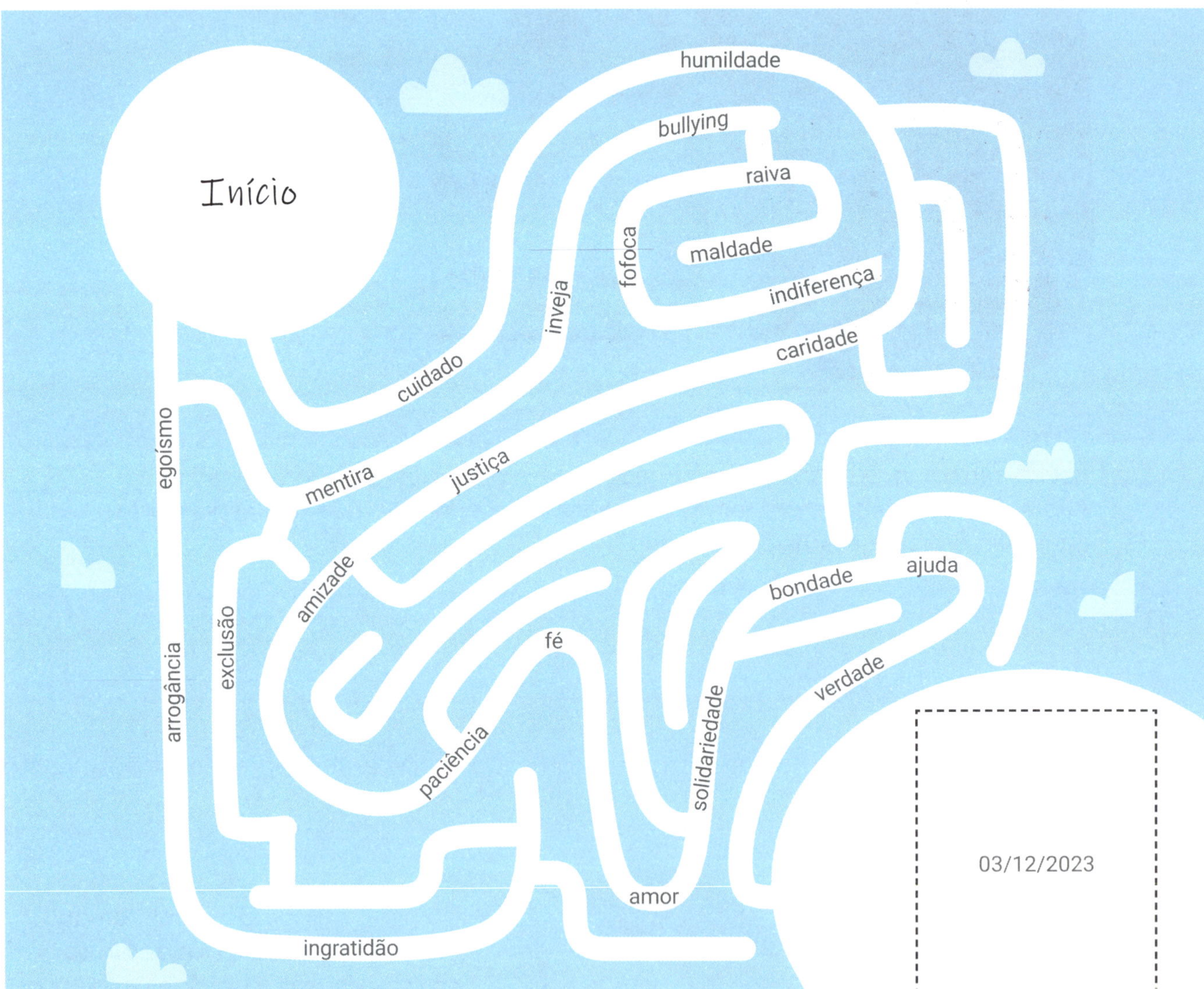

03/12/2023

Pare e pense:

Com atenção, conseguimos pensar antes de agir. Isso nos torna capazes de cuidar melhor das pessoas e do planeta.

É preciso buscar a Deus

2º DOMINGO DO ADVENTO

Ler Mc 1,1-8

10/12/2023

Vemos neste Evangelho os avisos de João Batista, que anunciava a chegada de Jesus.

A palavra-chave de seu anúncio é **conversão**, pois João convida todos a se arrependerem de seus pecados e buscarem a Deus.

Todos os dias, temos a oportunidade de buscar a Deus ou, talvez por preguiça, deixá-lo de lado.

Com sua família, converse sobre o que fazem para buscar a Deus no seu dia a dia. Depois desenhe a resposta.

3º DOMINGO DO ADVENTO

Ler Jo 1,6-8.19-28

O amor de Deus transforma as nossas vidas

A palavra-chave deste Evangelho é **transformação**. João Batista ajudava as pessoas a perceberem que o amor de Deus é transformador, pois nos convida a mudarmos algumas atitudes.

Entre as atitudes, pinte aquela que você precisa praticar mais para se aproximar mais de Deus.

XINGAR OS OUTROS

DIZER A VERDADE

FALAR MAL DE ALGUÉM

NÃO AJUDAR QUANDO POSSO

SER HONESTO

ELOGIAR AS PESSOAS

RESPEITAR AS PESSOAS

RIR DAS PESSOAS

AJUDAR QUEM PRECISA

MENTIR

Escreva uma oração pedindo a Deus para ajudar você a praticar essa atitude que pintou, porque quer que o amor dele transforme a sua vida.

____

____

____

____

____

____

____

17/12/2023

Somos convidados a servir a Deus

4º DOMINGO DO ADVENTO

Ler Lc 1,26-38

Maria revela a força de sua fé em Deus quando aceita dar à luz a Jesus. A palavra-chave deste Evangelho é **serviço**, pois o "sim" de Maria nos ensina que devemos nos colocar a serviço do Senhor.

Servir a Deus significa dizer "sim" aos valores e ensinamentos que Jesus nos deixou. Você sabe quais são eles? Assinale aqueles que identificar.

- [ ] Dizer a verdade, mesmo que seja difícil.
- [ ] Fingir não ver quando alguém precisa de ajuda.
- [ ] Não colaborar nos afazeres da casa.
- [ ] Respeitar seus familiares e amigos.
- [ ] Incluir todos os colegas nas brincadeiras.

Momento em FAMÍLIA

Converse com sua família sobre como podem servir a Deus em seu lar. Escolham dois valores ou ensinamentos de Jesus para os quais vocês podem dizer "sim" com mais frequência juntos.

24/12/2023

NATAL DO SENHOR

Ler Jo 1,1-18

25/12/2023

Hoje celebramos o nascimento de Jesus, que veio ao mundo para nos ensinar sobre o amor de Deus! Que tal ler o Evangelho e lembrar-se da mensagem de amor que Ele nos deixou? Participe das celebrações de sua comunidade com sua família!

SAGRADA FAMÍLIA

Ler Lc 2,22-40

Jesus é a salvação do mundo

A palavra-chave deste Evangelho é **esperança**. Quando bebê, Jesus foi levado ao Templo para ser apresentado a Deus por seus pais. Ao conhecê-lo, Simeão disse que Jesus era a salvação de todos os povos.

Medite este Evangelho, seguindo o passo a passo:

1. Em um lugar silencioso, faça o sinal da cruz e leia Lc 2,22-40 com atenção.
2. Feche os olhos e relembre o que leu, imaginando toda a cena descrita.
3. Pense no Menino Jesus acolhido nos braços de Maria e nas palavras de Simeão.
4. Imagine a emoção de Simeão ao reconhecer Jesus como o salvador do mundo, e a emoção de Maria ao ouvir as palavras de Simeão.
5. Faça uma oração de agradecimento:

Querido Deus, obrigado por enviar seu Filho para revelar o seu amor ao mundo. Jesus é a nossa esperança de que toda a humanidade pode ser salva pelo seu amor. Ajude-nos a seguir os seus ensinamentos. Amém.

31/12/2023

6. Trace o sinal da cruz e perceba como você se sente. Escreva duas palavras para expressar seus sentimentos.

____

____

Momento em FAMÍLIA

Que tal meditar este Evangelho com sua família? Realize esse passo a passo com seus familiares.

Jesus veio pelos que sofrem

SANTA MÃE DE DEUS, MARIA

Ler Lc 2,16-21

01/01/2024

Você já se perguntou por que o nascimento de Jesus foi anunciado aos pastores? Naquela época, eles eram um grupo que enfrentava muita pobreza e dificuldade para cuidar de seus rebanhos. Esse anúncio revela que Deus enviou seu Filho como uma esperança aos que sofrem.

Imagine a emoção que os pastores sentiram quando conheceram o Menino Jesus! Desenhe como você imagina que foi esse belo momento.

Aceitar Jesus é uma escolha

EPIFANIA DO SENHOR

Ler Mt 2,1-12

06/01/2024

Jesus corria perigo, pois seu nascimento ameaçava o poder das autoridades. Herodes representava todos os poderosos do mundo que encontravam em Jesus um oponente e temiam perder seus benefícios. Afinal, com o nascimento de Jesus, anunciava-se uma grande transformação no estilo de vida das pessoas. Como lidar com a mudança no jeito de viver, sem se sentir ameaçado?

Por causa do medo e da ganância, Herodes e muitos outros não conseguem conhecer ou aceitar Jesus. Ainda hoje, muitas pessoas ignoram os ensinamentos de Jesus e tentam fazer as coisas do seu jeito.

E você, como acolhe Jesus e seus ensinamentos? Responda com uma oração.

____

____

____

____

____

____

Momento em FAMÍLIA

Que tal convidar sua família para ler e refletir sobre este Evangelho com você? Peça que cada um escreva uma oração, comprometendo-se a acolher mais Jesus, e convide-os para rezá-la em silêncio.

BATISMO DO SENHOR

Ler Mc 1,7-11

Batismo do Senhor

Celebramos o Batismo de Jesus, quando Ele é reconhecido como o Filho de Deus ao receber o Espírito Santo. Esse é um momento importante, pois marca o início de sua missão. Leia o Evangelho e relembre que você também recebeu o Espírito Santo quando foi batizado, para que cumprisse a sua missão de cristão.

Pergunte à sua família sobre o seu batizado e registre as informações:

Fui batizado(a) no dia ____/____/__________, na comunidade ____

____, na cidade de

____.

Meus padrinhos são ______________________________ e

______________________________.

2º DOMINGO COMUM

Ler Jo 1,35-42

João anuncia sua fé em Jesus

João Batista confiava que Jesus era o Cordeiro de Deus, Aquele que veio para tirar os pecados do mundo. Por isso ele anunciava a todos a sua fé em Jesus, e suas palavras ajudavam as pessoas a conhecerem e seguirem o Senhor.

Neste Evangelho, aprendemos algo que faz parte da missão do cristão:

T☐ST☐M☐NH☐R a sua fé em Jesus.

Complete a palavra com as vogais que faltam para descobrir a resposta.

14/01/2024

Pare e pense:

Como você tem anunciado quem é Jesus para as pessoas?

"Vinde comigo!"

3º DOMINGO COMUM

Ler Mc 1,14-20

21/01/2024

Jesus inicia a sua missão de levar a Boa-nova a todos! Ele chama primeiro os pescadores para segui-lo, que largam tudo o que tinham e conheciam para aceitá-lo em suas vidas, pois acreditavam que era o Messias esperado.

Esses pescadores representam a ______________________________ e a ______________________________ que todo cristão deve aprender a ter.

Encontre as palavras na ilustração para completar a frase.

Momento em FAMÍLIA

Leia com seus familiares o texto bíblico e convide-os a partilharem em oração o que este Evangelho inspira a dizer a Deus.

4º DOMINGO COMUM

Ler Mc 1,21-28

Os gestos de Jesus

Jesus ensinava sobre o Reino de Deus de um jeito que todos entendiam, diferente do que faziam os doutores da Lei. Mais do que apenas falar, Ele também renovava a fé das pessoas por meio de suas ações.

Você sabe dizer quais ações Jesus praticava que revelavam o amor de Deus?

Posicione as sílabas nos lugares certos para descobri-las.

JU	RES	GER	DOS
TO	LI	RI	PO
DAR	CO	LI	PA

- ★ A___dar os ___bres.
- ★ A___lher os necessitados.
- ★ Cui___ dos so___tá___os.
- ★ ___peitar a ___dos.
- ★ Prote___ os margina___za___.

28/01/2024

Aprendemos com Jesus que o amor de Deus é algo que transmitimos aos outros não apenas por palavras, mas por meio de gestos.

A solidariedade de Jesus

5º DOMINGO COMUM
Ler Mc 1,29-39

6º DOMINGO COMUM
Ler Mc 1,40-45

11/02/2024

Jesus ajudou muitas pessoas porque se compadecia do sofrimento delas. Sua solidariedade é um exemplo de como nós devemos agir diante das necessidades dos outros.

Que tal pensar com carinho no que você pode fazer pelas pessoas ao seu redor?

Faça uma lista com as atitudes que você pode realizar para ajudar alguém.

____

____

____

____

____

____

____

____

____

QUARTA-FEIRA DE CINZAS
Ler Mt 6,1-6.16-18

Iniciamos em 14/02/2024, a Quaresma, período no qual os cristãos refletem sobre suas vidas e avaliam se estão realmente praticando os ensinamentos de Jesus.

Participe da Celebração das Cinzas com sua família! Depois pense sobre as suas atitudes que precisam ser corrigidas, para que seu compromisso com o Senhor seja fortalecido.

1º DOMINGO DA QUARESMA

Ler Mc 1,12-15

Vencendo as tentações

18/02/2024

Jesus venceu as tentações no deserto, porque manteve seu amor ao Pai e à missão que Ele cumpriria por todos nós.

Muitas tentações podem se colocar entre nós e os planos de Deus.

Escolha uma das tentações a seguir e complete a oração.

- jogar *videogame* em excesso
- ser grosseiro(a) com as pessoas
- não participar da catequese
- mentir para evitar enfrentar a verdade
- não ajudar alguém por preguiça
- ser descuidado(a) com a natureza
- ridicularizar alguém ou participar de piadas que ferem alguém
- não ir à missa
- falar mal dos outros

Querido Deus, peço o seu auxílio para que eu não deixe de lado a missão que o Senhor nos deu de amar as pessoas e toda a sua criação. Quero ficar mais perto do Senhor, por isso vou evitar ____.
Esse comportamento é uma tentação que quero vencer para ouvir e viver mais os seus ensinamentos. Amém.

Agora procure um lugar silencioso e faça essa oração com muita fé.

2º DOMINGO DA QUARESMA

Ler Mc 9,2-10

"Este é o meu Filho amado!"

Neste Evangelho, Jesus nos revela a sua autoridade divina. Deus o apresenta como seu Filho amado e nos faz um pedido.

Releia o versículo 7 e escreva, acima da figurinha, que pedido foi esse.

Pare e pense:

Seus pensamentos, suas emoções e atitudes têm revelado que você está atento aos ensinamentos de Jesus?

Lugar de encontro com Deus

3º DOMINGO DA QUARESMA

Ler Jo 2,13-25

Jesus ficou muito chateado quando viu que os comerciantes haviam tornado o Templo um lugar de negócios, por isso os expulsou.

Para Jesus, ali era o lugar onde as pessoas se reuniam em comunidade para se aproximarem de Deus. O Templo deveria ser respeitado como espaço de fé e encontro com Deus.

03/03/2024

Pense com carinho na sua igreja. Como ela é? O que você mais gosta nela? Como são as imagens e os quadros que a decoram? Quais cores ela possui? Como você se sente quando participa da missa ou de outras celebrações em sua igreja, em sua comunidade?

Agora que você se lembrou com carinho da sua igreja, da sua comunidade, escreva ao redor da imagem abaixo três atitudes que todos deveriam ter para cuidá-la e preservá-la:

Momento em FAMÍLIA

Vocês sabiam que o dízimo é uma forma de colaborarmos para que a nossa igreja sempre esteja bem-cuidada? Conversem em família sobre o assunto e, caso precisem, peçam orientação à Pastoral do Dízimo de sua paróquia.

4º DOMINGO DA QUARESMA

Ler Jo 3,14-21

As atitudes de quem segue Jesus

O Evangelho nos ensina que amar é doar-se pelas pessoas, como Jesus nos amou e se doou por nós. Se cremos em Jesus, nossas atitudes precisam estar alinhadas com os ensinamentos que Ele nos deixou, mas isso nem sempre acontece, não é? Veja o diálogo a seguir.

10/03/2024

Escolha as opções que completam as frases com atitudes ensinadas por Jesus.

a. Quando alguém me magoa, eu ______________________________.

- ignoro e não falo mais com a pessoa
- tento entender por que ele fez isso e perdoá-lo

b. Se cometo um erro com alguém, eu ______________________________.

- tento reparar o que fiz e me desculpar
- acho que ele tem que me entender
- faço de conta que nada aconteceu

c. Quando sei que meus pais vão desaprovar algo que fiz, eu ______________________________.

- invento uma mentira
- falo a verdade
- fico calado(a), esperando não ser descoberto(a) e repreendido(a)

Lembre-se:
Jesus nos apresentou um jeito de agir que revela o amor e a bondade de Deus. Nossas atitudes, portanto, é que mostram se realmente conhecemos Jesus ou se apenas sabemos quem Ele é.

Jesus, nossa semente de esperança

5º DOMINGO DA QUARESMA

Ler Jo 12,20-33

Para cumprir sua importante missão, Jesus precisava entregar sua vida por nós. Seu amor era tão grande, que Ele se doou para que pudéssemos conhecer o poder e o amor de Deus em sua ressurreição.

No Evangelho, Jesus se compara com uma semente que só faz nascer seus frutos quando deixa de ser semente. Ele quer dizer que, por meio do seu sacrifício, algo grandioso e bom acontecerá, assim como da semente se colhe bons frutos.

17/03/2024

Nós também precisamos sacrificar algumas coisas para seguirmos Jesus. Escreva primeiro quais sementes você não quer cultivar para respeitar os ensinamentos de Jesus. Em seguida, escreva no tronco da árvore aquilo que você quer aprender a cultivar para estar mais próximo de Jesus e viver de um jeito que manifeste seu amor a Deus.

Momento em FAMÍLIA

Leiam juntos o Evangelho e reflitam sobre a frase:

"Ao entregar sua vida por nós, Jesus revelou todo o amor de Deus pela humanidade e nos deixou muitos ensinamentos. Cada ensinamento é um fruto de sua missão que permanece até hoje na vida daqueles que o aceitam e se põem a segui-lo".

DOMINGO DE RAMOS

Procissão: Mc 11,1-10
Missa: Mc 14,1–15,47

Este é Jesus, o nosso Rei!

Hoje encerramos a Quaresma e iniciamos a Semana Santa, um evento importante para a nossa fé cristã. Na Semana Santa, relembramos os últimos acontecimentos da vida terrena de Jesus.

No Domingo de Ramos, os evangelhos nos lembram do momento que Jesus foi acolhido em Jerusalém como o Messias, sendo reconhecido como o Filho de Deus enviado para salvar a todos.

Se você estivesse lá, vendo Jesus entrar na cidade humildemente montado em um jumento, como se sentiria? Escreva sua resposta.

____

No dia de hoje, acolhemos Jesus, o Rei, que simboliza a paz e a justiça desejadas por todo o povo de Deus.

Você sabia?

A frase "Hosana nas alturas!", que diziam para Jesus ao recebê-lo em Jerusalém, é uma oração que significa: "Salva-nos, te imploramos, ó Senhor que habita os céus!". Nós a usamos até hoje, nas celebrações da santa missa.

Semana Santa

Nesta semana especial, participe das celebrações de sua comunidade! Com seus familiares, reflita sobre os evangelhos, cole as figurinhas e escreva uma palavra que represente cada um dos momentos ilustrados.

CEIA DO SENHOR
Ler Jo 13,1-15

PAIXÃO DO SENHOR
Ler Jo 18,1–19,42

VIGÍLIA PASCAL
Ler Mc 16,1-7

PÁSCOA DO SENHOR

Ler Jo 20,1-9

Viva, Jesus ressuscitou!

Jesus vive! Ele venceu a morte e ressuscitou para nos libertar do pecado. E agora podemos contar sempre com a sua presença em nossas vidas.

Hoje relembramos as promessas que Jesus cumpriu e o valor dos seus ensinamentos. Isso nos torna herdeiros da sua missão de amor.

É nosso compromisso seguir os passos de Jesus e testemunhar o que aprendemos com o modo como Ele viveu, trazendo para as nossas relações atos de bondade, justiça, solidariedade e doação pelo bem do próximo.

- Em um lugar silencioso, faça o sinal da cruz e releia esse Evangelho, imaginando cada uma de suas cenas.
- Agradeça a Jesus por tudo o que fez por nós.
- Reze o Creio, aproveitando o momento para fortalecer a sua confiança na missão que Jesus cumpriu por nós.
- Repita três vezes: *Senhor Jesus, eu me alegro com sua ressurreição e peço que sempre me oriente em minhas escolhas*. Ao final, faça o sinal da cruz.

Momento em FAMÍLIA

Convide seus familiares para participarem da celebração de hoje na sua comunidade. Celebrem juntos a Páscoa do Senhor!

"Felizes os que não viram e creram"

É comum ter dúvidas. Todos os dias fazemos escolhas que surgem de dúvidas simples ou complicadas.

Tomé era um discípulo de Jesus que também teve uma dúvida. Quando lhe contaram que Jesus havia ressuscitado, ele não conseguiu acreditar. Ele precisava **ver para crer**.

Jesus se revela para Tomé, para ajudá-lo a crer, e lhe diz algo muito importante.

07/04/2024

Releia o versículo 29 e escreva as palavras de Jesus.

Porque me viste, acreditaste. ______________________________

____

Para entender o que Jesus ensina com essas palavras, organize as sílabas e complete a frase.

da sus o
Je di mes con
en dú
ta fiar do fé
a tan cre
pro ri sas
vi

________ nos ensina que a _____ envolve __________ nele e em suas ______________. Diante de qualquer ______________, é a fé que nos ____________ para que possamos continuar ________________ na presença de Jesus em nossas vidas.

Momento em FAMÍLIA

Converse com sua família sobre como Jesus continua a se manifestar para nós por meio da Eucaristia, do amor que recebemos das pessoas, dos gestos de solidariedade, da leitura da Bíblia... Depois reflitam juntos sobre como podem cultivar a fé.

3º DOMINGO DA PÁSCOA

Ler Lc 24,35-48

É preciso ler e guardar a Palavra

14/04/2024

Os discípulos estavam com medo, porque não sabiam como compreender a aparição de Jesus Ressuscitado. Seria Ele um fantasma? Jesus, no entanto, lhes diz que tudo o que está acontecendo já estava nas Escrituras.

O Evangelho nos revela a importância de manter a leitura da Palavra de Deus, a Bíblia, para entendermos os acontecimentos por meio da sabedoria divina.

Pare e pense:

- *Você lê a Bíblia com que frequência?*
- *Quem ajuda você a entender o que a Bíblia diz?*

Para continuarmos a missão que Jesus nos deixou, de viver e levar os seus ensinamentos a todas as pessoas, Ele nos deu um presente:

Siga as linhas e organize as frases de acordo com cada sequência.

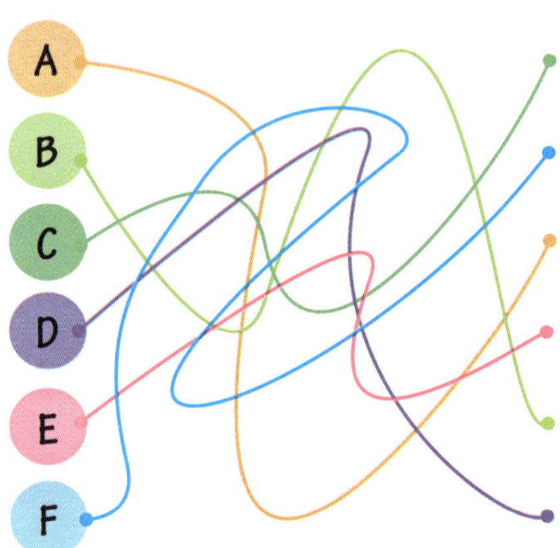

B + F + E + A + D + C

____

____

____

____

____

____

____

____

Na catequese e nas celebrações da nossa comunidade, estamos sempre aprendendo sobre a Palavra e como interpretá-la. Que tal agradecer seu catequista por ajudá-lo na sua caminhada cristã? Você pode lhe dizer o quanto é grato ou fazer um cartão bonito para presenteá-lo!

Jesus é o Bom Pastor que nos conhece

4º DOMINGO DA PÁSCOA
Ler Jo 10,11-18

Jesus é o Bom Pastor!

Você sabe o que isso quer dizer?

Descubra encontrando os pontinhos vermelhos (•) no quadro **A** e as palavras nos lugares correspondentes no quadro **B**, seguindo as linhas horizontais da esquerda para a direita.

QUADRO A

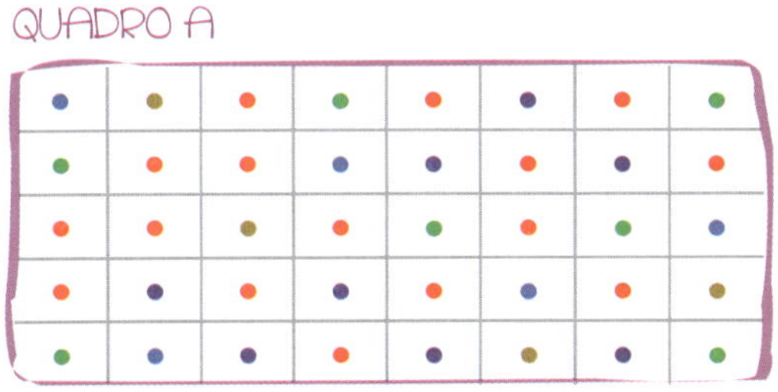

____

____

____

____

____

QUADRO B

Somos	ovelha	Ele	Pai	conhece	Igreja	e	paz
você	cuida	de	Bíblia	fé	cada	alegre	um
de	nós,	foi	guiando	Deus	-nos	se	muito
por	com	meio	amor	do	ajuda	Espírito	justiça
Maria	feliz	feito	Santo.	Pastor	crer	cristão	cada

Jesus é o Bom Pastor que não desiste de nós. Quando nos afastamos de seus caminhos, Ele nos chama pelo nome e vem nos resgatar com muito amor.

5º DOMINGO DA PÁSCOA

Ler Jo 15,1-8

Unidos com Jesus!

Jesus convida seus seguidores a se unirem a Ele. Essa união acontece se praticarmos os ensinamentos de Jesus, pois teremos Ele sempre dentro do nosso coração, nos apoiando e guiando as nossas vidas.

Mas como podemos praticar o que Jesus ensinou?

Selecione um dos valores que aprendemos com Ele e desenhe como podemos expressá-lo no dia a dia.

- ★ Justiça
- ★ Amor ao Próximo
- ★ Cuidado com a Criação
- ★ Perdão
- ★ Verdade
- ★ Paz

Pare e pense:

Quando estamos unidos a Jesus, nossas atitudes revelam nosso amor a Ele. Como estão as suas atitudes?

Amar como Jesus amou

6º DOMINGO DA PÁSCOA

Ler Jo 15,9-17

"Amai-vos uns aos outros como eu vos amei."

Essas foram as palavras de Jesus apresentando seu maior mandamento. De todos os ensinamentos que Ele nos deixou, este é um dos mais importantes: amar o próximo sem esperar nada em troca; amar como um amigo de verdade que acolhe, cuida e apoia o outro.

Muitos são os pensamentos que prejudicam o nosso amor ao próximo. Vejamos alguns deles:

"Não acho que devo amar quem eu nem conheço."

"Por que eu ajudaria alguém quando ninguém me ajuda?"

"Eu acho que cada um deve cuidar da sua vida."

Pensamentos assim levam as pessoas a julgarem os outros, algo que Jesus não fazia. Jesus ajudava todos que o procuravam, mesmo aqueles que nem o agradeciam. Ele doou sua vida por toda a humanidade, inclusive pelos que o condenaram e o fizeram sofrer muito.

O amor que Jesus nos ensina é como o amor de Deus por nós: bondoso, justo e misericordioso.

05/05/2024

Para sempre se lembrar disso, escreva uma poesia sobre o amor que aprendemos com o Senhor.

____

____

____

____

____

____

____

Momento em FAMÍLIA

Que tal declamar sua poesia para seus familiares? Convide-os para assistirem à sua apresentação e, em seguida, explique o que aprendeu com este Evangelho.

ASCENSÃO DO SENHOR

Ler Mc 16,15-20

Jesus nos deixa uma missão

12/05/2024

Depois de sua ressurreição, antes de subir aos céus, Jesus visitou seus discípulos e lhes deixou uma importante missão:

Com____r__ilha__ e vive__ seu__ en__in__men__os, ______a que __o__os __u__e__sem conhece__ a su__ men____gem __e __mo__ e e____e____nç__.

Para completar a frase, preencha os espaços de acordo com as cores das letras nas palavras ao lado.

JUSTIÇA
AMOR
VERDADE
BONDADE
PAZ

Nós somos herdeiros dessa missão, por isso somos convidados por Jesus a praticar seus valores em nossas relações com as pessoas e com toda a criação.

Pare e pense:

Você tem vivido e compartilhado os ensinamentos de Jesus no seu dia a dia?

PENTECOSTES

Ler Jo 20,19-23

"Recebei o Espírito Santo"

Após a morte de Jesus, os judeus perseguiram os seguidores dele. Por isso os discípulos estavam com medo, trancados em uma casa.

Jesus veio até eles e lhes disse algo que os acalmou.

Releia o versículo 19 e escreva as palavras de Jesus.

19/05/2024

Em seguida, Jesus soprou sobre os discípulos para que recebessem o Espírito Santo e nunca mais tivessem medo.

O Espírito Santo é a ____________________ do Senhor dentro de cada pessoa. Ele nos ______________ e ____________, manifestando o ___________ de Deus em nossas vidas.

Procure as palavras que completam a frase.

Por meio do Espírito Santo, Jesus sempre estará em nossas vidas e nos ajudará a continuar a sua missão.

SANTÍSSIMA TRINDADE

Ler Mt 28,16-20

A nossa missão se faz no dia a dia

Seguir os ensinamentos de Jesus é o que nos faz revelar o seu amor todos os dias. As nossas palavras, escolhas e atitudes passam a se tornar testemunhos vivos do nosso amor pelo Senhor.

Acompanhe a historinha a seguir.

Pare e pense:

Assim como aconteceu com Isabel na historinha, você acha que nosso amor por Jesus pode se revelar nas nossas atitudes junto às pessoas?

O Reino de Jesus

CRISTO REI
Ler Jo 18,33b-37

Jesus e Pilatos conversaram sobre quem era o rei, mas o que Pilatos não sabia era que o Reino de Jesus não pertencia a este mundo. Jesus era um Rei que não se interessava pelo poder, e sim pelo bem de todos.

No __________ apresentado por Jesus não existe __________, roubo ou __________. Nele, as pessoas são __________, amadas e __________ em todas as suas __________.

Complete a frase com as palavras que não rimam.

busto – justo – susto – Reino
porta – mentira – horta – torta
andar – mandar – violência – nadar
respeitadas – traduz – produz – reduz
contente – aceitas – sorridente – ausente
colar – falar – calar – diferenças

Pare e pense:

Suas atitudes têm colaborado para a construção do Reino de Jesus?

Pinte de azul o que pertence ao Reino de Jesus e de vermelho o que pertence ao reino de Pilatos.

EGOÍSMO — JUSTIÇA — FOFOCA — INVEJA — COMPAIXÃO — JULGAMENTO — PERDÃO — VANTAGEM — IGUALDADE — PRIVILÉGIO — LEALDADE — CORRUPÇÃO — AMOR — MENTIRA

24/11/2024

Para que possamos conhecer o Reino de Jesus, é preciso deixá-lo reinar em nossas vidas e inspirar as nossas atitudes com seus ensinamentos.

Momento em FAMÍLIA

Encerramos o Ano Litúrgico B! A partir da semana que vem, iniciaremos o Ano Litúrgico C, no qual aprenderemos muito com o Evangelho de São Lucas! Que tal realizarem uma oração em família agradecendo o que aprenderam com os evangelhos até aqui?

EDITORA VOZES LTDA.
Rua Frei Luís, 100 – Centro – Cep 25689-900 – Petrópolis, RJ
Tel.: (24) 2233-9000 – E-mail: vendas@vozes.com.br

Escreva o que aprendeu com a historinha de Isabel, para não se esquecer da sua reflexão.

26/05/2024

Momento em FAMILIA

Apresente a historinha de Isabel para seus familiares e conversem sobre a frase:
Quando as nossas atitudes expressam o nosso amor por Jesus, é porque a nossa missão como cristãos está sendo bem cumprida.

Na próxima quinta-feira (30/05/2024) celebraremos o **Corpus Christi**, o mistério da Eucaristia.

Leia Mc 14,12-16.22-26 e participe das atividades de sua comunidade.

9º DOMINGO COMUM

Ler Mc 2,23–3,6

Não há dia certo para se fazer o bem

02/06/2024

Os fariseus eram pessoas muito preocupadas com as leis. Na época de Jesus, o sábado era um dia com muitas proibições, e uma delas era não ajudar os doentes.

Jesus desobedeceu a essa lei, porque para Ele não podia haver dia certo para fazer o bem. Todos os dias eram dias para se fazer o bem.

Vamos meditar este Evangelho? Procure um lugar silencioso e siga os passos:

1. Releia Mc 3,1-6, imaginando cada cena:
   a. O que Jesus sentiu ao ver o homem com a mão paralisada?
   b. Imagine como Jesus se sentiu sendo alvo da vigilância dos fariseus, que não se importavam com o milagre que Ele poderia operar na vida daquele homem com a mão paralisada. Os fariseus apenas queriam que Ele cometesse o crime de ajudar alguém em um sábado, dia em que qualquer ajuda aos doentes era proibida, para que pudessem acusá-lo. Lembre-se do versículo 5: "Jesus passou sobre eles um olhar indignado e triste com a cegueira de seus corações".
   c. Reflita sobre a decisão de Jesus. Mesmo sabendo que seria acusado, Ele não hesitou em ajudar o pobre homem. Curou-o, porque esta era a sua missão: curar as pessoas, ajudá-las e acolhê-las.
2. Respire profundamente três vezes e agradeça ao Senhor por sua bondade não ter limites.
3. Faça a oração:

Senhor Jesus, que a sua bondade também desça sobre mim e a minha família. Ajude-nos a sermos sempre bons uns com os outros, oferecendo apoio nas necessidades e compaixão diante dos erros. Amém.

Escreva como você se sentiu ao meditar sobre este Evangelho.

____

____

____

Momento em FAMÍLIA

Realize esta meditação do Evangelho com os seus familiares. Com a ajuda de um adulto, organize um ambiente calmo com flores, vela acesa e a Bíblia. Ao final, conversem sobre como se sentiram.

A responsabilidade dos seguidores de Jesus

10º DOMINGO COMUM

Ler Mc 3,20-35

Quando praticamos os ensinamentos de Jesus, podemos ser mal-entendidos pelas pessoas. É difícil acreditar que alguém pode fazer o bem sem a intenção de receber algo em troca, não é?

Jesus também passou por isso. Neste Evangelho, vemos que Ele corrige a interpretação de algumas pessoas sobre suas atitudes. Jesus sabe que a opinião dos outros pode destruir a fé na sua mensagem.

Hoje nós temos um espaço onde a opinião de uma pessoa pode alcançar muitas outras: a internet. Nas redes sociais, as pessoas podem comentar de modo maldoso sobre alguém, e isso pode causar injustiça e sofrimento enormes.

Com este Evangelho aprendemos que ______________ ter
🍞◈♥☑✈✱→👁✝✱

______________ sobre o modo como ______________ dos outros.
◈♥✱🍞✝◀✱→☺✈🎬✈∆→∆♥ ✕→🎬→👁✝✱

É preciso sempre ______________ para que não sejamos ______________
☑📖✈∆→◈ ☑→📖✱→∆✝◈♥✱

de mal-entendidos, ______________ as relações e ______________ a
🍞◈♥🌍📖∆✈☑→◀∆✝ ✕♥◈✈◀∆✝

______________ de alguém.
∆✈♫◀✈∆→∆♥

Para completar o texto, decifre os símbolos.

A	B	C	D	E	F	G	H	I	J
→	☺	☑	∆	♥	✕	♫	▀	✈	🌍
K	**L**	**M**	**N**	**O**	**P**	**Q**	**R**	**S**	**T**
🎁	🎬	👁	◀	✝	🍞	◘	◈	✱	★
U	**V**	**X**	**W**	**Y**	**Z**				
📖	🌐	🕮	💬	✏	✂				

Momento em FAMÍLIA

Converse com seus familiares sobre este Evangelho e reflitam juntos: *vocês têm usado a internet com responsabilidade?*

11º DOMINGO COMUM

Ler Mc 4,26-34

Pequenos gestos de grande importância

16/06/2024

Às vezes não percebemos que o pouco que fazemos pode produzir grandes resultados. No Reino de Deus, quaisquer atitudes inspiradas nos valores que Jesus ensina são importantes e podem inspirar as pessoas ao nosso redor.

Observe a imagem. Nela vemos que uma mochila está sendo doada de uma menina para outra. Como será que essa doação aconteceu? Responda escrevendo uma historinha sobre essa cena.

Doar um objeto bem-cuidado é um exemplo de como uma atitude simples pode ser importante para alguém. Jesus nos ensina sobre isso neste Evangelho, dizendo-nos para valorizar nossas pequenas atitudes que podem ser inspiradoras e amorosas para as pessoas.

Pare e pense:

Você tem objetos bem-cuidados que poderia doar para alguém?

Tenha fé durante as dificuldades

12º DOMINGO COMUM

Ler Mc 4,35-41

Assim como os discípulos, na vida enfrentamos muitos momentos difíceis que nos deixam inseguros e com medo, como doenças na família, divórcio dos pais, falecimento de pessoas queridas...

Neste Evangelho, Jesus nos ensina que durante as dificuldades devemos manter a fé em sua presença e nos seus cuidados.

23/06/2024

Que tal fazer um barco em dobradura de papel para se lembrar da mensagem de Jesus? Ao concluir, escreva no casco de seu barco a oração:

Querido Jesus, que nos tempos difíceis o Senhor acalme meu coração. Amém.

Coloque este barquinho em um lugar que sempre o lembre de que Jesus está ao seu lado em todos os momentos.

Dica

Se você não souber como fazer a dobradura de um barquinho de papel, peça a ajuda de seus familiares para seguir o modelo.

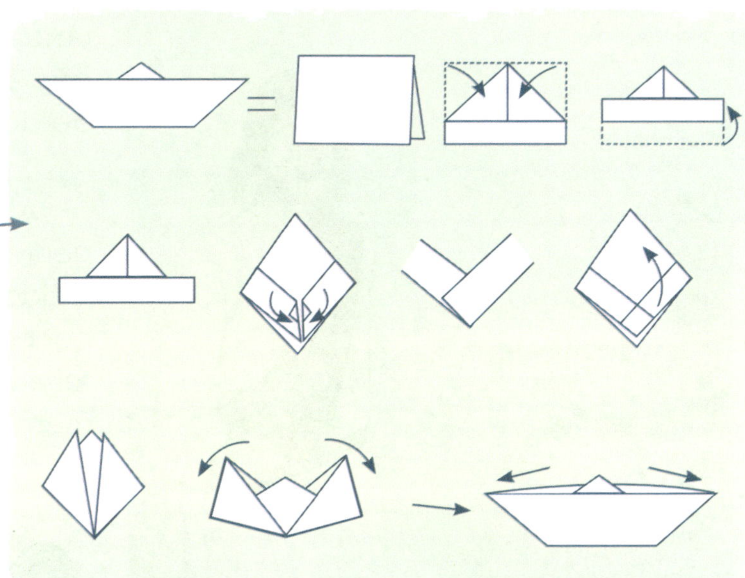

Momento em FAMÍLIA

Mostre o seu barquinho de papel aos seus familiares e, juntos, façam a oração que você escreveu nele.

SÃO PEDRO E SÃO PAULO

Ler Mt 16,13-19

"Tu és o Cristo!"

O Evangelho nos revela Pedro como um modelo de fé. Quando Jesus perguntou "*E vós, quem dizeis que sou?*", Pedro não hesitou e deu-nos uma importante lição.

Descubra que lição é essa seguindo no Quadro **A** as setas indicadas no Quadro **B**.

QUADRO A

João	disse	Jesus,	foi	Palavra	tinha	era	agora.
Pedro	queria	Bíblia	trouxe	bondade	Ele	fé	verdade.
Paulo	conhecia	paz	por	mar	com	o	justiça.
Jesus	lembrava	Deus	bem	acreditava	que	foi	Messias.
Tiago	sabia	criou	isso	sempre	viu	sem	Bíblia.

QUADRO B

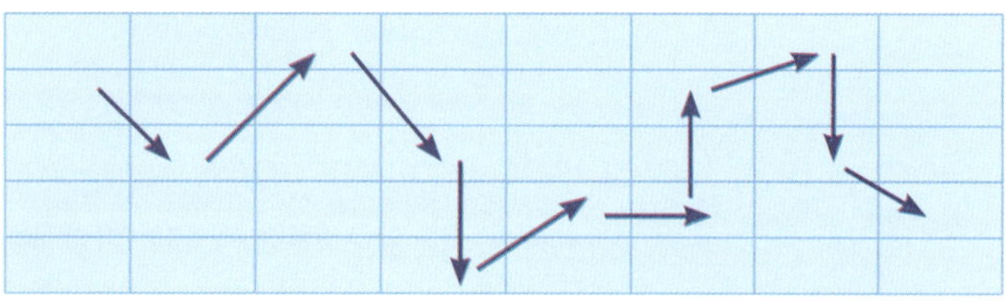

Pedro convivia com Jesus e tinha com Ele uma relação de amizade. Por isso seu coração era cheio de fé na mensagem e divindade do Senhor.

Assim deve ser também com a gente: a nossa fé precisa ser fortalecida na convivência com Jesus. É conhecendo o Senhor que vamos ter cada vez mais confiança na sua mensagem de amor.

Pare e pense:

Você tem se dedicado a conhecer Jesus?

Férias no caminho de Jesus

Durante as suas férias, que tal aproveitar também para dedicar algum tempo à sua relação com Jesus?

Participe das celebrações com sua família! Juntos, colem as figurinhas e escrevam um título que resuma o que aprenderam com cada Evangelho.

14º DOMINGO COMUM
Ler Mc 6,1-6

07/07/2024

15º DOMINGO COMUM
Ler Mc 6,7-13

14/07/2024

16º DOMINGO COMUM
Ler Mc 6,30-34

21/07/2024

17º DOMINGO COMUM
Ler Jo 6,1-15

28/07/2024

18º DOMINGO COMUM

Ler Jo 6,24-35

Esteja atento ao que vem de Deus

Muitas vezes nos preocupamos com o que queremos fazer ou ter no dia a dia, como se a vida fosse uma lista de tarefas ou desejos a ser cumprida.

Jesus nos diz neste Evangelho que devemos dar mais atenção àquilo que vem de Deus. O que Ele quer dizer com isso?

Para descobrir, identifique no quadro as sequências corretas e organize a frase com as palavras que nelas encontrar.

★●✦	□○▣	✱✸■	○▣□	○■□	◈⬟◖	□★⬟

____

____

____

____

○▣□ orienta a ter por meio

□★⬟ comprometida com Deus.

✱✸■ a vida que Jesus nos

○■□ da prática de seus ensinamentos

★●✦ Nós devemos buscar

◈⬟◖ e de uma relação

□○▣ a vida plena, ou seja,

04/08/2024

Isso significa que seguir os ensinamentos de Jesus é sempre mais importante do que qualquer bem material ou satisfação pessoal. Ele é o Pão da Vida que nos alimenta espiritualmente e aproxima de Deus.

Neste Evangelho, Jesus também diz que as pessoas o procuravam porque "comeram o que lhes ofereceu e se saciaram". Ele está se referindo ao fato de que muitas delas o procuravam em busca de benefícios, e nao porque estavam realmente comprometidas com seus ensinamentos.

Pare e pense:

Você também tem procurado Jesus apenas quando precisa?

Confie em Jesus

19º DOMINGO COMUM

Ler Jo 6,41-51

11/08/2024

Muitos duvidaram que Jesus era o Filho de Deus, pois Ele se fez humano como nós. Aqueles que conheciam sua família humana o acusaram injustamente de ser uma farsa, mas Jesus se manteve firme em sua missão e nos deixou uma importante lição.

Para descobri-la, numere a segunda coluna de acordo com a primeira. Depois ordene as frases do quadro a seguir conforme a numeração que encontrar.

1	É uma cor presente na bandeira do Brasil.	( )	Hoje.
2	Muito presenteado durante a Páscoa.	( )	Verde.
3	Número de apóstolos que Jesus escolheu.	( )	Bíblia.
4	Devemos ler para conhecer Jesus.	( )	Chocolate.
5	Dia entre o ontem e o amanhã.	( )	Doze.

3 compromisso é com Deus.

1 com o que os outros podem

5 Não se preocupe muito

2 pois o seu maior

4 pensar a seu respeito,

Quando praticamos os ensinamentos de Jesus, cultivamos uma vida de paz, amor ao próximo e justiça. Mesmo que alguém pense mal de você, as suas atitudes inspiradas no Senhor vão revelar para essa pessoa os seus verdadeiros valores. Confie em Jesus e seja paciente.

Momento em FAMÍLIA

Assim como Jesus foi injustamente acusado de não ser confiável, muitas vezes nós também não confiamos o suficiente nele. Convide seus familiares para, com uma oração, pedirem perdão pelos momentos que não procuraram nem tiveram fé na presença e no cuidado de Jesus em suas vidas:

Querido Jesus, o Senhor foi acusado injustamente de não ser o Filho de Deus. Perdoe-nos, Senhor, pelas vezes que não o procuramos nem confiamos no seu amor por nós. Sabemos o quanto o Senhor se importa com a gente, e sabemos que está sempre presente durante as dificuldades. Pedimos, Senhor, que nos ajude a perceber os sinais do seu amor enchendo nossos corações de confiança quando estivermos diante da opinião e crítica dos outros. Amém.

A alegria de Maria

ASSUNÇÃO DE NOSSA SENHORA

Ler Lc 1,39-56

Em seu encontro com Isabel, Maria é recebida com uma frase que fez se sentir muito alegre!

Qual frase é essa? Pinte o balão correspondente.

QUE BOM TER VOCÊ EM MINHA CASA, MARIA!

Ó MARIA, CHEIA DE GRAÇA!

BENDITA ÉS TU ENTRE AS MULHERES!

Vamos nos alegrar com Maria por ter sido escolhida por Deus para se tornar a mãe de Jesus!

Escolha um versículo deste Evangelho e faça um desenho bonito para representá-lo.

18/08/2024

Maria mantinha com Deus uma grande amizade, por isso foi escolhida para a importante missão de ser a Mãe de Jesus.

Pare e pense:

Como é a sua amizade com Deus?

21º DOMINGO COMUM

Ler Jo 6,60-69

Um novo jeito de viver

Seguir os ensinamentos de Jesus pode não ser fácil. Nem sempre conseguimos ser justos, bons e corretos em nossas ações. Algumas pessoas achavam que as palavras de Jesus eram difíceis de se colocar em prática.

Neste Evangelho, Jesus nos diz mais uma vez que ______________ ______________
$12 + 7 - 2$ $3 \times 5 + 6$

______________ ______________ ______________.
$9 - 3 + 6$ $4 \times 2 + 2 - 4$ $9 \times 2 - 5$

Complete a frase resolvendo os cálculos e preenchendo as linhas conforme os resultados.

12	nos propor
21	mundo para
6	um novo jeito
17	Ele veio ao
13	de viver

Simão Pedro confirma sua fé em Jesus mais uma vez, representando o que nós também devemos fazer todos os dias.

25/08/2024

Momento em FAMÍLIA

Converse com seus familiares sobre os desafios que encontramos ao seguir Jesus e façam juntos uma oração pedindo a Deus para fortalecer a fé de vocês nesse caminho.

O coração puro de quem segue Jesus

22º DOMINGO COMUM
Ler Mc 7,1-8.14-15.21-23

01/09/2024

Este Evangelho nos diz que, para Jesus, em nosso coração é preciso existir:

Ligue os pontos de acordo com as cores para descobrir a resposta.

Ter um coração puro significa ser capaz de ver as pessoas e a criação inspirando-se na bondade de Deus. Algumas atitudes revelam um coração puro. Você saberia quais são?

Seguindo o modelo do quebra-cabeça, complete as frases segundo o formato da peça.

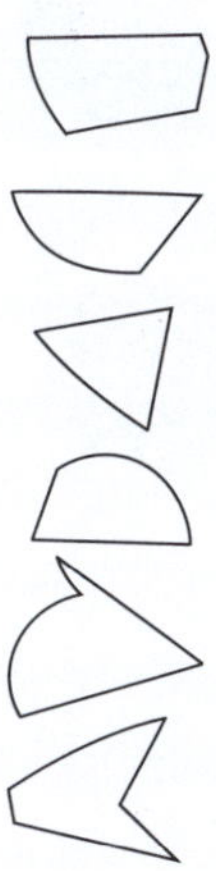

Pedir ________________ ao magoar alguém.

Falar a _________________ para os pais e amigos.

Cuidar de toda a __________ como um presente de Deus.

________________ pedindo a Deus pelas pessoas que conhece.

________________ quem precisa.

Ser _______________ pelo que tem e recebe.

O coração puro de quem segue Jesus se revela no compromisso de fazer o bem às pessoas e à natureza.

Pare e pense:

Ao ser questionado pelos escribas e fariseus, Jesus lhes diz que são hipócritas por se preocuparem tanto com o cumprimento das tradições e leis, mas não terem pureza em seus corações. Você sabe o que quer dizer hipocrisia? Pesquise e converse com seus familiares.

23º DOMINGO COMUM

Ler Mc 7,31-37

Jesus nos apresenta uma vida plena

Imagine não poder ouvir nem falar. Na época de Jesus, uma pessoa assim era considerada amaldiçoada, pois não poderia sequer ouvir os ensinamentos na sinagoga.

Ao curar o surdo-mudo, Jesus nos mostra que ______________________________________

____

____

____

3D+1B+2F+4A+1E+3B+2C+4C+E2+4F+1A+3E+1D+-
3F+4B+2D+1F+3A+1C+4D+2B

Complete as frases escolhendo as palavras da tabela de acordo com as instruções.

1	se	curar	feliz	com	que	um
2	pode	completo	ou	de	alguém	tudo
3	jeito	impede	fazer	pode	relacionar	a
4	aquilo	vida	dificulta	e	Palavra	de
	A	B	C	D	E	F

Pare e pense:

Você tem conseguido ouvir e anunciar a Palavra de Deus? Observe com carinho se você está aberto e atento a Deus.

O amor-doação de Jesus

24º DOMINGO COMUM

Leia Mc 8,27-35

15/09/2024

Jesus é o Messias, o Salvador da humanidade, mas neste Evangelho Ele diz aos seus discípulos que logo viverá um grande sofrimento. Seus discípulos não entendem por que Jesus precisaria sofrer, se podia evitar isso com todo o seu poder.

Mas Jesus não ______________________ o sofrimento,
 em inglês + 1ª e 2ª sílabas de 

e sim o ______________. A busca de todo ______________________ é o amor.
"amora" – última vogal — o seguidor do cristianismo é um...

E o ______________ de amor que Jesus nos apresenta é a ______________________
quem desfila em eventos de moda é... — 2ª sílaba de  + 1ª vogal + 2ª sílaba de "ação"

pelo próximo.

Complete as frases desvendando os enigmas.

Por amor, Jesus assumiu e sofreu por nossos pecados. Ele nos ensina uma forma de amor que envolve se doar pelo outro, praticando o bem ao outro, e às vezes isso pode nos fazer sofrer um pouco.

Observe a cena.

No diálogo, vemos uma situação em que Lucas contou para a professora um segredo do amigo, porque estava preocupado, e acabou sendo mal-interpretado. Às vezes queremos proteger e cuidar das pessoas, mas sofremos quando elas não entendem as nossas boas intenções.

Pare e pense:

Você já se sentiu assim?

Momento em FAMÍLIA

Com seus familiares, conversem sobre este Evangelho e respondam à pergunta: por que amar as pessoas e doar-se por elas pode nos fazer sofrer um pouco? Depois de refletirem, façam juntos uma oração pedindo a ajuda de Deus para amarem uns aos outros com mais doação.

25º DOMINGO COMUM

Ler Mc 9,30-37

Servir é um gesto de amor

Leia o Evangelho e observe a cena.

Jesus e__sina que para viver o co__pro__isso de seg__i-lo é pre__iso colocar em pr__tica o __mor e o serviço ao pró__imo, sem pe__sar a__enas em si mes__o.

Pinte as letras S-E-R-V-I-Ç-O e complete as palavras no texto acima, com as letras que sobrarem.

S R N V Ç M O E M R U V I E C R V Ç Á O S A E V I X O Ç N R P S O M S

Volte a observar a cena e escreva qual seria a atitude correta das crianças nessa situação.

____

____

____

22/09/2024

____

____

____

Pare e pense:

Você tem praticado servir às pessoas ou tem sido egoísta?

Colaborando com o Reino de Deus

26º DOMINGO COMUM

Ler Mc 9,38-43.45.47-48

O Evangelho nos ensina que, para Jesus, não há pessoas mais especiais que outras. E quem estiver disposto a ajudar na construção do Reino de Deus será sempre bem-vindo.

Mas o que é construir o Reino de Deus?

Descubra invertendo as letras das palavras.

rarobaloC moc o onieR ed sueD é es racided a ranrot o odnum rohlem arap sa saossep, siam rodehloca e otsuj, rop oiem ed sedutita euq malever a edadnob e o roma ed sueD.

____

____

____

____

____

____

Que tal escolher uma atitude para praticar com mais dedicação na próxima semana? Assinale aquela que você mais gostar.

- ☐ Respeitar as diferenças entre as pessoas.
- ☐ Cuidar dos animais e das plantas que existem em seu ambiente.
- ☐ Dizer palavras de conforto a alguém que sofre.
- ☐ Ajudar a família nas tarefas domésticas.
- ☐ Ouvir os idosos com paciência.
- ☐ Falar sobre o amor de Deus para alguém.
- ☐ Outra opção: ______________________________ ______________________________________.

Momento em FAMÍLIA

Converse com sua família sobre como vocês têm contribuído com o Reino de Deus e apresente a atitude que você se propôs a praticar mais ao longo da semana. Peça aos seus familiares para pensarem em uma atitude com a qual querem se comprometer mais e compartilhem.

27º DOMINGO COMUM

Ler Mc 10,2-16

"Deixai vir a mim as crianças!"

Jesus diz que o Reino de Deus pertence àqueles que são como as crianças. Vamos entender melhor essa mensagem?

Ordene as sílabas para completar a frase.

Para ____ ____ ____ no Reino de Deus, é preciso ____ ____ a ____ ____ ____ ____ ____. Somos simples quando ____ ____ ____ ____ ____ que todos são igualmente ____ ____ ____ ____diante do Senhor e não buscamos formas de nos tornar ____ ____ ____do que os outros.

Este Evangelho nos ensina que nossos dons devem ser compartilhados, e não usados de modo egoísta. Na partilha, somos mais fortes. É o que Jesus espera de nós.

Você sabia?

No dia 12 de outubro, celebraremos a solenidade de Nossa Senhora da Conceição Aparecida!

Leia Jo 2,1-11 e participe das atividades de sua comunidade.

Lembre-se de Maria como um modelo de fé, uma mulher simples que confiou profundamente nas promessas de Deus.

Desapegar-se para seguir Jesus

28º DOMINGO COMUM

Ler Mc 10,17-30

Vamos meditar este Evangelho? Procure um lugar silencioso e siga os passos:

1. Faça o sinal da cruz e leia o Evangelho calmamente.
2. Imagine as cenas e as emoções dos personagens.
3. Pense no jovem que não teve a coragem de vender seus bens para seguir Jesus. Para ele, a riqueza era sua segurança.
4. Releia as palavras de Jesus ao jovem. Imagine-o dizendo: "Vem e segue-me". A proposta de Jesus envolve valorizar mais seus ensinamentos do que os bens materiais, mas o jovem não pôde fazer isso.
5. Lembre-se dos momentos em que você valorizou mais os seus interesses do que os ensinamentos de Jesus. Peça perdão por esses momentos com a oração:

Querido Jesus, às vezes quero mais brincar do que ir à igreja ou ajudar as pessoas ao meu redor. Peço perdão por esses momentos. Ajude-me a não ser como este jovem que não o seguiu me ensinando o desapego dos bens materiais e do meu egoísmo. Coloca em meu coração a sua bondade e justiça. Amém.

6. Conclua com a oração do Pai-nosso e o sinal da cruz.

Jesus ensina que devemos praticar o desapego dos nossos bens materiais e interesses, se quisermos nos comprometer com seus ensinamentos. Para Ele, nada é mais importante do que fazer o bem às pessoas e construir uma relação de amizade com Deus.

Que tal compartilhar o que aprendeu com este Evangelho? Escreva uma mensagem para enviar às pessoas que ama.

29º DOMINGO COMUM

Ler Mc 10,35-45

Agir pensando no bem de todos

Muitas vezes queremos ser importantes e acabamos disputando com as pessoas ao redor. Jesus diz algo sobre isso.

Descubra preenchendo os traços com as palavras que estão na tabela, segundo as cores correspondentes.

É por meio do ____________________ ao próximo que ________________________ e fazemos parte do Reino de Deus. Jesus nos _________________ a pensarmos no __________ de todos e sermos _________ aos seus ___________________________ de praticar o _______________, a ________________________ e a ___________________________.

desafia	fiéis	serviço
respeito	generosidade	bem
ensinamentos	solidariedade	construímos

Pare e pense:

Antes de agir, você pensa no bem que as suas atitudes podem promover para as pessoas?

Ter fé é confiar em Jesus

30º DOMINGO COMUM
Ler Mc 10,46-52

27/10/2024

O deficiente visual apresentado neste Evangelho é um verdadeiro exemplo de fé em Jesus. Sabendo que o Senhor passava, gritou por piedade, porque confiava que era o Messias quem estava ali.

Jesus então o chamou. Ele sempre escuta os nossos pedidos. Ele é o Bom Pastor, confiável e misericordioso, que vem ao nosso encontro.

Perguntou ao deficiente visual o que queria, e ele respondeu:

____

____

Releia o versículo 51 e registre.

O deficiente visual acreditava em Jesus. Não havia dúvida em seu coração sobre Ele ser o Filho de Deus.

Jesus lhe disse:

____

____

____

____

Releia o versículo 51 e registre.

Pare e pense:

Como está a sua confiança em Jesus?
Quais atitudes você tem que ajudam a sua fé a crescer?
O que você ainda pode fazer para ter mais fé em Jesus?

Registre três atitudes que podem fortalecer seu compromisso com o Senhor:

____

____

____

____

____

TODOS OS SANTOS
Ler Mt 5,1-12a

Esta é a verdadeira felicidade

Neste Evangelho, Jesus nos apresenta as bem-aventuranças que nos dão a esperança de viver em uma sociedade mais justa e solidária.

Jeghesusghe noghes dgheiz qughee ghea felighecighedade ghe não veghem deghe ughema vigheda ghesem digheficulghedaghedes oughe moghemenghetos ghede trighesteza, ghee sgheim dghee ghese apreghendgheer ghea vighever enghefrentaghendo osghe obsghetácughelos gheenquangheto manghetemosghe aghe féghe gheem Degheus ghee pragheticamgheos gheo beghem, sgheem ghedesaghenimagher, pogheis esghese gheé oghe cagheminhgheo gheparghea oghe Rgheeingheo!

03/11/2024

Decifre a carta enigmática eliminando a sílaba "ghe" nas palavras.

As bem-aventuranças nos lembram que a felicidade prometida por Jesus é alcançada quando buscamos realizar escolhas que promovem o bem do próximo e de toda a criação.

Momento em FAMÍLIA

Quais são as atitudes necessárias para conquistarmos a felicidade que Jesus nos apresenta neste Evangelho? Reflitam juntos e escrevam.

32º DOMINGO COMUM

Ler Mc 12,38-44

O desejo de Deus

O Evangelho nos ensina um valor muito importante, que deve estar presente em todas as nossas atitudes e escolhas. Você sabe qual?

Descubra organizando as letras de acordo com as cores.

D E U A H D M L I

Par__ Jesus, u__a pessoa p__de conhece__ muito as Escritur__s, como os dout__res da Lei, e mes__o assim nã__ vive__ nem entende__ seus ensina__ent__s de ve__d__de. Da mes__a forma, u__a pessoa p__de do__r uma bo__ qu__ntidade de dinheir__ para os p__b__es, e mes__o assim nã__ consegui__ do__r de for__a verd__dei__a o que Deus espe__a de nós: am__r e c__ __paixão com o p__óxi__o.

A
M
O
R

Complete o texto preenchendo os espaços com as letras indicadas.

10/11/2024

Deus quer que em nosso coração exista o desejo sincero de realizar boas ações com humildade, sem buscar reconhecimento, doando-se por meio de atitudes de amor verdadeiro pelo próximo e pela sua criação.

33º DOMINGO COMUM

Ler Mc 13,24-32

Viver o presente com entusiasmo

O Evangelho apresenta uma mensagem de esperança sobre o retorno de Jesus, porém também nos faz um alerta. Você sabe qual?

Descubra encontrando no caça-palavras aquelas que completam a frase.

Não ______________ nos preocupar com o ______________ de ______________, e sim ______________ o momento ______________ com ______________, praticando todos os dias os ______________ do ______________.

W	Q	R	W	H	J	Y	R	K	B	R	B	W	V	R	B
K	M	E	N	T	U	S	I	A	S	M	O	B	A	K	R
V	K	R	K	H	K	B	H	B	K	J	N	Ç	L	T	E
I	H	J	D	E	V	E	M	O	S	W	K	Y	O	K	T
V	K	I	M	K	Ç	Q	Y	H	N	H	N	W	R	N	O
E	M	R	W	Y	R	E	I	N	O	K	Y	N	E	T	R
R	M	M	K	J	Ç	K	J	Y	N	J	R	K	S	K	N
R	H	J	E	S	U	S	M	K	J	W	Q	Ç	M	Ç	O
M	I	K	M	H	R	R	J	Y	M	K	H	K	Y	T	Y
W	K	M	W	M	R	I	P	R	E	S	E	N	T	E	O
D	C	G	T	E	Q	J	L	Y	K	G	R	J	Y	Q	G
A	Y	Q	A	T	G	T	I	Q	A	J	Y	F	R	X	T

17/11/2024

Isso significa que, enquanto aguardamos a vinda do Senhor, vamos ajudando a construir uma sociedade mais feliz e acolhedora para todos.

Lembre-se:

Jesus nos pediu para continuarmos a vigiar nossas atitudes, para que elas sempre expressem o amor de Deus às pessoas e às demais formas de vida no planeta – plantas e animais.